청풍 생각

청풍 생각

김종우 시집

고두미

□ 일러두기
본문에 삽입된 사진은 대부분 다음 카페 '청풍연가'에서 카페지기 님의 허락을 받고 가져왔음을 밝힙니다.

□ 시인의 말

길이 있었다.
지금은 세상에 없는 길…
신작로 양옆으로 미루나무가 길게 늘어선, 코스모스가 바람에 첫사랑 아이처럼 하늘거리던 길. 덜컹이는 버스가 하루에 두어 번 오고 가던 길. 그 길 끝에 섰던 많은 이웃들은 물속에 잠겼고 사라졌다. 삶이, 생의 역사가 통째로 소멸당한 사람들이 소나기 맞으며 걷던, 풀냄새 많이 나던 길…

고향…
가고 싶으나 갈 수 없는 시간과 공간.
삶이 외롭고 지칠 때, 기대어 울고 싶은 날 가고 싶은 곳
마을 앞 돌장승 할아버지가 '괜찮다, 괜찮다…' 등 두드려 줄 거 같은 곳
그런 곳은 세상에 없다.

울컥울컥…
고향 떠난 몇 년 사이 아비들은 일찍 죽었다.

병들어 죽고 공사판에서 죽고 싸우다가 죽고 죽고…
삶의 뿌리가 뽑힌 아비들은 약속이나 한 듯이 일찍 죽었다.

강가에 살던 사람들이 있었다.
물고기처럼 강의 근육으로 살이 붙고 여울처럼 웃고 울던 사람들
권력과 개발이라는 불도저와 포클레인이 집을 부수고 강을 파헤치고
수백 년 된 나무를 베고 마을 앞 돌장승을 가져갔다.

사람들은 내몰렸다.
도시의 빈민이 됐고 가난한 마을로 가서 또 가난한 농민이 됐고 수몰한계선 인근에서 움막 같은 집을 짓고 버려졌다.
할아버지 산소를 파헤쳐야 했고 기르던 소를 팔아야 했고 마당에 대추나무를 잘라야 했고 화단에 꽃들을 버려야 했다.

이유도 모르고 팔려가며 버둥거리던 짐승들의 커다란 눈에는 눈물이 맺혀 있었다.

세상에 없는 이야기…
수몰민, 사전에는 '살던 곳이 물에 잠긴 사람'이라고 나오는 생소한 말.
살던 곳이 물에 잠긴 사람들, 물에서 태어나고 물에서 자란 사람들은 죽을 때까지 고향이 그리워 꺼이꺼이 운다. 수몰민 1세대 아버지들은 울다가 돌아가셨다. 떠나온 땅이 그립고 서러워서 아무리 발버둥쳐도 정착할 수 없는 유목민의 삶이, 도시 이방인의 삶이 버거운 아비들은 마른 풀잎처럼 바스러졌고 고향을 그리워하다 끝내 고향 언저리에 음택을 하나씩 장만해 속속 귀향하는 중이다.

실향…
삶이 지치고 힘들 때 한번쯤은 가고 싶은 시간과 공간, 마을 어귀 느티나무 아래 기대어 강가에서 불어오는 바람의 향을 맡다 보면 삶의 영양제 같은 기운이 채워질 거 같은 곳은 세상에 없어서 실향민들은 일생을 울컥울컥 목울대 너머로 치올라오는 비릿한 장마 끝 강의 냄새를 맡으며 산다. 실향 1세대 아버지들은 끝내 고향에 가지 못하고 울다 울다 이승의 강을 건너신 이들이 대부분이다. 수몰 2세대이자, 고향의 봄을 기억하는 세대도 오십 줄에 들어섰거나 서서히 늙은 아버지를 닮아 가는 중이다.

만나면 초지일관 고향 이야기가 전부인 실향의 후예들, 그 이야기를 몇 줄 안 되는 시로 엮어서 전해 주고 싶었다.

만나면 한 사람씩 손을 붙들고 전해 줄 것이다.

더 슬퍼하거나 더 서러운 고향의 이야기를 전하면

강가의 돌장승 할아버지가

잘했다, 잘했다고 등 두드려 주시려나…

아부지…

농사꾼이었다가, 노동자였다가, 도시의 유목민이었던 아버지는 고향 타령 어머니 타령하시다가 생을 놓으셨다. 아버지 살아생전에 시집을 드렸으면 뭐라고 하셨을까.

그해 여름,

아버지가 사우디에서 돌아오신 날
온 가족이 강가로 소풍을 간 적이 있다.
강에 어항을 담가 놓고 온 식구가 자갈밭에서 찍은 사진 한 장 속에는 아직 젊은 아버지와 식솔들이 일제 니콘카메라를 응시하고 있다. 행복했던 오후였다.

2023년 10월
김종우

| 청풍 생각 | **차례** |

청풍 생각 1 • 편지 1 ___ 14

청풍 생각 2 • 편지 2 ___ 16

청풍 생각 3 • 강이 품은 아이 ___ 18

청풍 생각 4 • 한벽루 ___ 20

청풍 생각 5 • 그대 오시는 밤 ___ 22

청풍 생각 6 • 열세 살 나의 강 ___ 24

청풍 생각 7 • 마지막 밥을 먹던 저녁 ___ 28

청풍 생각 8 • 도화리 1 ___ 30

청풍 생각 9 • 도화리 2 ___ 32

청풍 생각 10 • 흑백사진 아부지 ___ 34

청풍 생각 11 • 오월의 누이 ___ 36

청풍 생각 12 • 수몰 사진 ___ 38

청풍 생각 13 • 상실의 노래 1 ___ 40

청풍 생각 14 • 사공은 오지 않는다 1 ___ 42

청풍 생각 15 • 수몰된 고향집 ___ 44

청풍 생각 16 • 마늘밭 아버지 ___ 46

청풍 생각 17 • 귀향 ___ 48

청풍 생각 18 • 이사 가던 날 ___ 52

청풍 생각 19 • 마지막 겨울 ___ 54

청풍 생각 20 • 아비들은 일찍 죽었다 ___ 56

청풍 생각 21 • 강을 건너는 아이 ____ 60
청풍 생각 22 • 애기지게 ____ 62
청풍 생각 23 • 이농 ____ 63
청풍 생각 24 • 아부지와 하모니카 ____ 64
청풍 생각 25 • 진광이 ____ 65
청풍 생각 26 • 청풍상회 ____ 68
청풍 생각 27 • 청풍 연가 ____ 69
청풍 생각 28 • 사공의 집 ____ 70
청풍 생각 29 • 꺽지 ____ 72
청풍 생각 30 • 피라미 ____ 74
청풍 생각 31 • 상실의 노래 2 ____ 76
청풍 생각 32 • 마지막으로 온 사람 ____ 78
청풍 생각 33 • 양수리 ____ 80
청풍 생각 34 • 수몰한계선 ____ 82
청풍 생각 35 • 유정이 ____ 84
청풍 생각 36 • 수몰비 ____ 87
청풍 생각 37 • 마당에 신발 한 짝 ____ 88
청풍 생각 38 • 풀냄새 나는 저녁 ____ 89
청풍 생각 39 • 술래 ____ 90
청풍 생각 40 • 덕봉이 ____ 92

청풍 생각 41 • 돌장승 할아버지 ___ 94
청풍 생각 42 • 창희네 집 ___ 96
청풍 생각 43 • 화가 왕철수 ___ 97
청풍 생각 44 • 노을 ___ 98
청풍 생각 45 • 북진리 ___ 99
청풍 생각 46 • 풍경 ___ 102
청풍 생각 47 • 광희 ___ 103
청풍 생각 48 • 집으로 가는 길 ___ 104
청풍 생각 49 • 사공은 오지 않는다 2 ___ 106
청풍 생각 50 • 그리운 웃방 ___ 108
청풍 생각 51 • 슬픈 지명 하나 녹슬고 있다 ___ 110
청풍 생각 52 • 수몰민 김씨 ___ 112
청풍 생각 53 • 선희의 편지 ___ 114
청풍 생각 54 • 꽃밥 1 ___ 116
청풍 생각 55 • 꽃밥 2 ___ 118
청풍 생각 56 • 기차는 여덟 시에 떠나네 ___ 120
청풍 생각 57 • 성돈이 ___ 122
청풍 생각 58 • 돌멩이 하나 ___ 123
청풍 생각 59 • 산수유 마을 ___ 126
청풍 생각 60 • 헛간 ___ 127

청풍
생각

청풍 생각 1
― 편지 1

너는 여전히 잘 있는지
먼저 떠나온 길이 멀어
낯선 도시의 밤을 또박또박 적는다
찔레 향 그윽한 산길 걸어
집으로 가고 싶구나
마당에 살구꽃 환하게 핀 마을
쑥빛 봄이 오면
실향의 봄몸살을 앓는다
마을에도 물이 차오른다지
살구나무가 한 그루 있던 뒷산 공터에
수몰한계선 말뚝이 박혔다지
저 봄을 두고 어디로 가야 하나
저 슬픔을 두고 어디로 가야 하나
먼저 떠나는 사람이 하나둘 늘어나고
어제는 명숙이네가 떠났다지
내일은 인주네가 떠난다지
빈집이 하나둘 늘어나는 마을에
꽃은 핀다지

마지막 봄이 될 거라는데
너는 여전히 잘 있는지
너는 여전히 잘 있는지

청풍 생각 2
—편지 2

차부에 나가 흙먼지 속에 멀어지는 버스를 보내요
신작로 끝에 버스가 보이지 않을 때까지
햇살만 혼자 찾아와 놀고 있는 인주네 빈집
툇마루에 홀로 앉아 눈물이 나요
불러도 열리지 않는 사립문
흙벽에 그려 놓은 낙서만 남았어요
빈집이 자꾸 늘어가네요
텃밭에 모종을 심지 않았어요
가둘 일 없는 도랑물이 푸르게 흐르네요
작은 차에 세간살이 싣고
맥없이 떠나는 집이 늘고 있어요
어느 곳에 가서
텃밭의 열무처럼 뿌리를 내릴까요
저녁밥 같이 먹자고
멱 감으러 가자고
같이 걷던 고샅길 혼자 걸어요
밤마다 물이 차오르는 꿈을 꿔요
마지막 봄이에요

청풍 생각 3
― 강이 품은 아이

사는 일이 멀미가 나고 가끔 서러운 날
청풍으로 가는 버스표를 끊어
비포장도로에서 길을 잃은
아이를 만나러 가

교리 넘어가는 곳 마당바위에 무거운 옷을 벗어 놓고
시퍼런 소용돌이가 전설처럼 감겨 지나는 곳으로
깊은 자맥질을 하러 가
황쏘가리와 누치를 작살도 없이 해후하면
강가에 돌탑을 쌓다 검게 그을린 아이
안부를 묻고 싶어

오지 않는 사람을 기다리는 나루터에서
사공이 되는 게 꿈인 시절이 있었지
까맣게 머루알처럼 익은 아이를
강이 토해 내던 오후가
바삭바삭 바스러지고 있어
작살에 등을 찔린 시간은

강 속 깊이 사라져 길을 잃었어
깊고 시커먼 곳으로 자맥질하면
찾을 수 있을까
강이 품은 아이
자꾸자꾸 깊은 곳으로 헤엄쳐 가는

청풍 생각 4
— 한벽루(寒壁樓)

눈 덮인 대덕산 토끼 발자국 어지러운 자리에
솔가지 꺾어서 올무 놓은 날
꿩 울음소리 시린 하늘 훑고 지나가는
하얀 들판 한 바퀴 돌면
눈이 부시게 그리운 사람 생각이 나
허전한 마음 밭 밤새 서성이다 가신 발자국
강가에 나가 얼음장 아래로 헤엄치는
물고기 안부를 묻다가
화롯불에 청국장 끓고 있는 큼큼한 방
푸른 바람벽에 기대어 담배나 말아 피우면
그리운 사람 소식 없어도
괜찮을 거 같은 강가의 겨울

청풍 생각 5
—그대 오시는 밤

달빛 등대 쪽으로 물수제비를 띄우면
얇은 조약돌 참방참방 건너는 거리에
하얀 종아리 맑은 이마를 씻던 그대의 강

저물도록 강가에 돌집을 짓던 아이
호롱불 밝히는 창가
강가에 달빛 부서지는 소리
멀리서 그대 오시는 밤

긴 머리를 감던 그 강의 밤은
흘러서 멀리 갔네
달빛 아래 소곤소곤 흘러서
그대에게 출렁이던 나의 강은
흘러서 멀리 갔네

쌓다가 부수고 쌓다가 부수고
강가에 지은 집
고운 초롱 하나 매달면

멀리서 멀리서
그대 오시는 밤

청풍 생각 6
— 열세 살 나의 강

느티나무 숲을 지나온 강바람
아카시아 꽃잎 하얗게 뿌리고 있지
어둑어둑 해 질 무렵
아직 뜨거운 자갈밭을
맨발로 걸어서 집으로 가지
낮에는 강에 나가 어항을 담가 놓고
자갈밭에 엎드려 소년중앙을 읽고 있지
흐르는 물에 발 담그고
초여름 땡볕에 오디 열매처럼
새까맣게 익어 가고 있지
북진에서 교리 넘어가는 고갯마루에
까만 머루나 산딸기로 익었다가
학교 끝나고 집으로 가는
심심한 미란이 기다리지
강물은 교리 쪽에서 황석 쪽으로 흐르지
어항 쌓다가 떠나보낸 고무신이
지금쯤 어느 여울 모퉁이 돌아
뻘기가 한창 피는 마을을 지나겠지

나는 아직
열세 살이지
학교도 안 가고 강가에 있지

청풍 생각 7
— 마지막 밥을 먹던 저녁

이제 떠나는구나
4대 독자로 태어나 강에서 들에서
뼈가 굵은 집
아버지 무덤 앞에 마늘밭을 일구고
식솔 많이 거느린 가장이 된 집
밥상에 둘러앉은 눈빛이 닮은 식구들
마지막 밥을 뜨는 저녁이다
홍수에 떠내려가 새로 지은 집
부수고 가야 한다
어디 가서 둘러앉아 밥을 먹을까
어디 가서 이웃의 밥 냄새를 맡을까
한 번도 떠나본 적 없는
슬픈 눈빛들을 데리고
나는 어디로 가야 하나
어디 가서 푸릇푸릇한 마늘밭을 일굴까
텅 빈 외양간에 소가 울지 않는
마지막 밥을 먹는 저녁이다

청풍 생각 8
— 도화리 1

강물 위에 떠오는 꽃잎 한 장
도화리桃花里에서 보내는 봄소식입니다
멀리서 올 사람 없어도
자꾸 나루터 쪽으로 눈이 가는 오후
도화리에는 산마루 넘는 구름도
강가에 오래 서서 사공을 기다리는 나무도
물속에 잠겼습니다

강물에 기대어
오지 않을 사람을 기다리는
사공이 되고 싶었습니다
분홍색 꽃잎 한 장 떠가는 동안
사람은 오지 않고
도화리 복사꽃 나무 아래
빈 배만 가만가만 흔들립니다

청풍 생각 9
— 도화리 2

복사꽃 그늘 아래 빈 배만 묶어놓고
사공은 보이질 않네
어디 가서 길을 물어 강을 건널까
빈 배 위에 연분홍 꽃잎만 쌓이네

꽃잎이 길을 덮었네
강을 건너야 그대에게 갈 텐데
사공의 집에 다니러 간 아이 소식 없네
꽃잎 혼자 강을 건너네

청풍 생각 10
― 흑백사진 아부지

    오래된 흑백사진 속에는 강가에 솥단지 걸어놓고 춤을 추고 있는 사람들이 있다. 바쁜 밭일이 얼추 끝난 아카시아 필 무렵 천렵을 나오신 거다. 나보다 젊은 아버지가 막걸리 한잔에 흥이 돋으셨는지 어깨춤 사위가 가볍다. 강가에 줄지어 선 미루나무 배경으로 푸르게 서 있는 젊은 아비들 청춘의 한때가 푸르게 흐르고 있다. 아카시아 향이 흐르는 저 가난한 봄소풍 행렬에 막걸리 한 말 고기 두어 근 끊어서 찾아가고 싶은 봄 다들 이승의 강을 건너시고 솥단지 걸어놓은 풍경 사라진 강가 가난한 농부가 되어 밭일 끝낸 고무신을 강물에 말갛게 씻고 아부지 드시다 간 술잔을 비우러 가야겠다.

청풍 생각 11
— 오월의 누이

흙 속에 묻혀 있는 깨진 밥그릇 조각
뜨듯한 밥 냄새 울컥울컥 올라온다
툇마루 식구들 밥상에
살구꽃 우수수 쏟아지고
포슬포슬 익은 감자 몇 알이 있던 저녁
물속에 잠겼다
밥 먹으러 오라고
꽃이 지고 있다고 소리치던
수몰 즈음의 배고픈 저녁
깨진 그릇 조각 가만가만 만져보면
소쩍새 우는 우물가
달그락달그락 밥그릇 헹구는
오월의 누이 하얗게 웃고 있다

청풍 생각 12
─ 수몰 사진

떠날 사람 얼추 떠나고 갈 곳 없는 이웃들 모여
기념사진을 한 장 박는다
볕 좋은 날
폭격 맞은 것처럼 허물어진 집터를 배경으로
마고자 차림새 할애비부터 새댁 등에 업힌 갓난아기까지
떠나지 못한 사람들 모여 카메라를 보고 있다

보상이라도 낫게 받은 사람들은 모두 떠나고
갈 곳을 정하지 못한 사람들이 남은
수몰한계선쯤에서
마지막 사진을 큼직하게 한 장 박는다

키 큰 미루나무만 두 그루 배경으로 서 있는
아버지 아버지의 아버지 적 땅은
물속에 잠길 것이다

햇살 내리던 동네 놀이터도
빈 배가 혼자 흔들리던 나루터도

가난한 농사를 짓던 아버지의 비탈밭도
늦은 밤 동네 사랑방 현성이 기타 소리도
산감에게 쫓기다 구르던 산비탈도
대보름 밤 고샅에 내리던 별빛도
잠기고 잠길 것이다

아무도 웃지 않는 얼굴들이
비루한 봄 햇살을 맞고 있는 흑백사진 속
사라진 풍경이 된

기념사진 한 장

청풍 생각 13
―상실의 노래 1

청풍에 가면
밤은 푸른색이다.
호수 위에 푸른 시간이
먹물처럼 번지고 있다

푸른 바람의 향기가 산에서 내려와
푸른 상실의 노래를 부르는 곳

책갈피처럼 펼쳐지는 수면 위로
물속에 꽃 피는 마을 전설을 읽어 보는 새벽
푸른 별들이 쏟아져 수몰민 마을에
등불을 켜는 곳

푸른 바람이 푸른 시간을 쓸고 가는
청풍에 가면
그대도 나도 푸른색이다

청풍 생각 14
―사공은 오지 않는다 1

키 큰 느티나무 아래 강을 건너지 못한 사람
소리쳐 사공을 부르네
사공의 집에 다니러 간 아이 소식이 없어
달빛 파르르 떨고 있는 강 건널 수 없네
배 건너 달라고 소리치는 강가에
사공은 오지 않으시네

언제쯤 강을 건널까
춥고 시린 강
울음이 흙탕물처럼 넘치던 강
건널 수 있을까

사공이 되는 게 꿈인 시절이 있었지
노 젓는 근육을 키워
강을 따라 가고 싶었지
별이 뜬 밤을 저어
멀리 가고 싶었지

사는 건 때때로 건널 수 없는 강
강가에서 부르는 울음 섞인 노래
그 밤에 떠내려간 나룻배
어느 여울을 지나고 있을까

청풍 생각 15
— 수몰된 고향집

인터넷카페 '청풍연가'에서 발견한 오래된 사진 한 장
저녁연기 오르는 마을로 막 들어서는
까만 교복 중학생 친구

허물어져 가는 초가집 사이
구불구불한 고샅길 어제인 듯 걸어서
집으로 가고 있다

작은 방에 군불 지피고
쇠죽도 한 솥 끓여 외양간 소에게 먹이고
나일론 장판이 노릇노릇하게 익은 방에서
식구들 모여 고봉밥 한 그릇씩 비우는 집으로
어제인 듯 가고 있다

찢어진 문풍지 사이로 시린 바람이 마실 오면
무거운 이불 속에 발을 맞댄 식구들
자꾸 발에 채이는 놋주발
품 팔러 간 아버지를 기다리는 산골에 어제인 듯

사십 년째 집으로 가는

친구가 있다

청풍 생각 16
— 마늘밭 아버지

고향에 가고 싶다고 노래를 부르시던 아버지
마늘밭에 잠드셨다
쟁기 몰던 푸른 아버지 한 줌 하얀 재로
수몰한계선 인근 할아버지 무덤 옆에 돌아오셨다
수몰되던 해 떠난 젊은 아버지
마늘밭 갈러 오셨다
다시 가난해져서 오신 아버지
콧노래 부르면서 소 몰고 멀어지신다

— 아버지, 해가 저물어요, 그만 집으로 가요
싸리꽃 향기 짙어 어둠 내리는데
고랑 저 끝으로 간 아버지 돌아오지 않는다

청풍 생각 17
— 귀향

아직 버스를 타지 못했어요
마흔 넘으면 갈 거라고
타지 못한 차표를 여러 번 끊었어요
미루나무 줄지어 선 신작로
뿌옇게 흙먼지 일으키며 덜컹거리는
버스를 타야 할 텐데

밤마다 울렁이는 그리움이 멀미를 하데요
버스가 달려와 숨을 고르는 마을 정거장에서
지붕 위 빠알갛게 고추가 익어가는 집까지
고샅길 천천히 돌아
사립문 덜컥 열면
댑싸리 빗자루 결 고운 마당에
고슬고슬한 햇살
어머니, 하고 부르다가
텅 빈 고요가 울컥 눈물로 솟구치던 고향집엔
어머니 부재중입니다

소여물 써는 마당에 가득한 풀냄새
부뚜막에 보리밥 내음이 그득한 저녁
반딧불이 등을 켜는 먼발치 들녘까지
마흔 고개 넘으면 보일 듯한 어머니,
아직 버스가 오지 않아요

청풍 생각 18
— 이사 가던 날

말도 못 하고 버스를 탔어
뒷산에 찔레 꺾으러 가자던 약속
못 지킬 거라는 걸 너도 알겠지
강가 느티나무 아래 깊게 묻어 놓은 타임캡슐
영영 꺼내 보지 못할 거야
처음 떠나보는 이 산골
차창 너머로 멀어지는 마을을 보며
동생들이 훌쩍이기 시작했어
돌아올 수 없는 곳
깊게 실금 파놓은 동네 공터에
햇살이 내리지 않을 거야
삘기 뽑고 오디 따던 개살구나무 밑의 봄이
다시는 오지 않을 거야
작은 도시 산비탈 마을에
식구들 덜컥 내려놓고
어둠 속으로 버스가 사라진
가장 긴 여행을 한
이사 가던 날

청풍 생각 19
— 마지막 겨울

장독대 위에 목화송이 같은 눈이 내린 날
뒷마당 앵두나무 밑에 붉은 말뚝이 박혔다
벽에 큰 구멍이 뚫린 면서기네 방 안엔
흉흉한 겨울바람이 질척거리며 드나들었다
아버지는 더이상 장작을 쌓지 않았고
끌려가지 않으려고 버티던 일소가 떠나자
쇠죽솥을 엿장수가 가져갔다
아이들이 몰려들지 않는 동네 공터엔
심심한 바람이 불었고
햇살이 혼자 머물다 갔다
물이 온다니 떠나야 한다고
이승과 저승의 경계에 그어진 수몰선을 지나
술병을 오지게 앓던 중늙은이가
요령 소리를 따라갔다
죽어서도 갈 곳 없는 무덤들은 파헤쳐지고
커다란 깡통 화덕에 담긴 뼈들이 빻아져서
쟁기 몰던 마늘밭 여기저기 하얗게 뿌려질 때
산속에 마른 삭정이가 뚝뚝 부러지던
마지막 겨울

청풍 생각 20
― 아비들은 일찍 죽었다

아비들은 일찍 죽었다
수몰되자 보상금 몇 푼 타서 객지로 내몰린
아비들은 단명했다
낯선 객지 여관방에서 죽고
공사판에서 죽고
술 먹고 싸우다가 죽고
고향 언저리에 와서 까닭 없이 죽고
마흔에서 오십 즈음의 나이였다

아버지의 아버지의 아버지가 살아온 땅
태어나서 한 번도 떠나보지 못한 땅을
처음으로 떠난 아비들은 일찍 죽었다

빗속에서 물꼬를 트던
쟁기 몰고 마늘밭 갈던
산감의 눈을 피해 땔감을 져 나르던
천렵하던 강가에서
고래고래 소리 지르고 멱살잡이하던 것이

생의 전부였던
아비들은 일찍 죽었다

멀리서 가져온 분재 한 그루
아파트 베란다에서 시름시름 앓다가 말라 죽었다
제가 살던 땅과 바람과 이웃을 떠난 소나무 분재는
스스로 생을 놓은 것 같았다

가진 거라고는 흙 묻히는 게 전부인
농투성이 아비들은 약속이나 한 듯이
고향 떠난 몇 년 사이 일찍 죽었다

청풍 생각 21
— 강을 건너는 아이

오래된 사진 한 장 속에는
빼곡한 나룻배에 들어선 내가
흑백의 강을 건넙니다

흙탕물 넘실대고
찬바람에 살갗이 트는
사춘기의 강을 건너고 있습니다

물수제비를 띄우면 사춘기의 나이테가 번지던 강물
삘기를 껌처럼 씹으면서
깊은 곳으로 잠영하는 물고기처럼 살이 붙었습니다

사공의 집에 꽃처럼 걸린 등불
배 건너 달라고 밤이 깊다고
소리치던 사춘기의 밤
강물 속에 열여섯쯤 되는 달이
하얗게 웃고 있었습니다

청풍 생각 22
― 애기지게

농한기엔 지게를 만들었습니다
책가방 대신 짊어져야 하는 애기지게

소나무를 깎고 있는 마당에
숭덩숭덩 잘리던 햇살

애기지게를 지고 산속으로 등교하던 아이는
지게를 벗어 놓고 교과서를 본다고 했습니다

하교길
지게에 얹은 머루알 한 송이 건네던
애기지게 친구

청풍 생각 23
―이농

농사를 짓던 사람들은 땅을 찾아 떠났습니다
충주 장호원 여주 음성 등으로 흘러갔습니다
낯선 땅에서 장마 뒤의 부유물처럼 살았습니다
또 농사를 지었고 또 가난했습니다
생전 처음으로 떠나본 땅에서
길을 잃은 사람들
농약을 먹고 죽는 게 낫다고 가장은
취하는 날이 많았습니다
강물에 발목을 적시지 못한 가장은
시들어갔습니다.
꼴지게를 지고 논둑길을 걷던 가장은
바스러졌습니다
수몰한계선 근처에 음택을 장만한 가장들
하나둘 고향으로 돌아가는 중입니다

청풍 생각 24
— 아부지와 하모니카

  아부지 야전잠바 주머니에는 언제나 하모니카가 있었다. 아부지가 언제 하모니카를 배운 것인지 왜 하모니카를 부는지 물어보지 못했다. 하모니카는 아부지였다. 풀짐 지게를 잠시 부리는 산속에서 아부지는 푸른 소리의 하모니카를 불었다. 아부지 하모니카 소리에는 풀내음이 났다. 저문 강가에 사십 대 언저리의 아부지가 물결처럼 반짝였다. 올갱이를 잡는 밤 마당바위에 앉아 하모니카를 불던 농부 아부지가 강처럼 흘렀다. 들판 논두렁에 앉아서 하모니카를 불던 아부지는 바람이었다. 들숨 날숨 사이에 꽃이 피고 눈이 내리고 강이 흐르던 야전잠바 아부지, 풀짐 위에 빠알간 멍석딸기 꽂으신 아부지 하모니카 속으로 들어가신 지 오래다.

청풍 생각 25
— 진광이

겨울 나루터에서 사공 기다리던 중학생 진광이
사십 년 세월을 지나 카카오톡 프로필로 만난
소년의 강을 건너 중년의 나루터에 서 있는
볼살 두툼한 사내

시린 바람에 손발이 얼고 살이 트던 소년의 강
아무리 기다려도 사공이 오지 않던 나루터
어떻게 건넜을까

충주 여주 양평까지 강을 따라갔다가
저무는 날이 많았네
돌탑을 쌓던 열세 살 강가 모래밭
'그리움도 살아가는 힘'이라고 쓴 저녁
노을 붉게 물든 중년의 강을 건너는
사내를 보았네

청풍 생각 26
— 청풍상회

충주서 이천 가는 삼 번 국도변
커다란 느티나무 밑
작은 양철 간판에 페인트로 그려진 이름
'청풍상회'
참외밭에 품 팔러 간 엄마를 기다리는 아이처럼
하 세월 웅크리고 앉아 있습니다
눈이 오고 낙엽이 지는 동안 구멍가게 청풍상회는
흑백사진처럼 빛이 바랬습니다

고향을 잃은 사람들은 이름 하나 붙들고 늙어갑니다
갈 곳이 없는 수몰민들은 허공에 집을 짓습니다

지서 옆 청풍상회에서 나오던 갈래머리 하얀 아이가
중년의 징검다리를 막 건너고 있을 세월
충주서 이천 오는 삼 번 국도변 '청풍상회'
문을 꼭 닫아걸고
한 번도 밖으로 나오지 않는 사람이 있습니다

청풍 생각 27
— 청풍 연가*

박달재 가요제에서 입상한 청풍 출신 가수가 부른 노래 〈청풍 연가〉. 백바지에 반짝이 의상을 입은 가수는 수몰민 아픔을 애절하게 **뽕짝** 풍으로 불러서 정식 가수가 됐다. 동문체육대회가 열리거나 각종 행사가 있을 때 무대 위에 단골로 등장하는 〈청풍 연가〉는 가을 운동장 폐회식에서 떼창으로 울려 퍼진다. 백바지 가수의 목소리가 수몰 지역 인근에서 노을에 젖고 있다. "지난 밤 꿈속에서 찾아간 고향~ 북진 나루터 뱃사공 어디로 갔소~ 눈물로 불러 본다, 청풍 연가를~" 물속에 잠긴 고향을 애절하게 부르면서 목이 터져라 노래를 부르다가 저녁연기 오르는 마을로 갈 수가 없어 뿔뿔이 흩어지는 가을 운동회 막을 내리는 수몰 인근 풍경이다.

*박달가요제에서 입상한 노래. 청풍 출신 가수 조재권이 불렀다.

청풍 생각 28
―사공의 집

느티나무 아래 사공의 집
깜박깜박 담뱃불 신호를 보내면
강 건너 저쪽에서 사공이
깜박깜박 담뱃불 신호를 보냅니다

물살을 저으며 사공이 오시는 소리
강의 향기가 깊어지는 시간입니다

어두운 강가에 서서
강의 향기를 맡습니다

달빛 항로를 지나 어둠 속에
사십 년째
사공이 오고 계십니다

청풍 생각 29
— 꺽지

여울목 모래톱에 움막을 짓고 나는
멀리 가지 않았습니다
물살이 키운 근육으로 강을 헤엄쳐
가장 깊은 곳으로 가 아침을 맞고
가장 낮은 곳으로 와 저녁을 맞았습니다

가난한 사랑이 헤엄치던 강
물살을 세차게 두드리고
머리칼에서 맑은 바람이 일던
사랑은 멀리 갔습니다

푸르고 깊게 소용돌이 치는 곳에
아직 고백하지 못한
바람 속을 헤엄치는 노래가 있습니다

강물이 조약돌에 새겨 놓은 이름
맑은 바람을 몸에 두른
사랑은 멀리 갔습니다

나는 떠나지 못합니다
나는 떠날 수 없습니다

청풍 생각 30
— 피라미

재선이 아부지는 버들가지를 꺾어서
피라미를 길게 꿰어주셨다
— 아부지 갖다 드려라
마당바위에 널어 두었던
마른 풀잎 옷을 입고
노을이 젖고 있는 강을 걷는다

삶은 뜨거운 모래밭
여울목 거슬러 오르며 살이 붙었다.
강물이 키운 눈물 근육으로 삶을 울었다.
유리 어항 들어 올리면 황홀하게 퍼덕이던
유년의 한때

터벅터벅 걸어 집으로 가는
피라미 비늘 노을에 젖는 길에서
오십을 넘어버렸다
몇 마리의 물고기와 꽃향기가 가득했던
열세 살 나의 강은 어디쯤 흘러갔을까

청풍 생각 31
―상실의 노래 2

넝쿨장미 울타리가 있던 집 에돌아 흘러간
나의 강을 기억해 줘요
재잘거리는 여울 곁으로 돌아가고 싶어요
은빛 물고기 떼 퍼덕이던 노을 젖은 강
푸른 산이 내려와 풀냄새 풀어놓던
강가 언덕으로 가고 싶어요

멀리 돈 벌러 간 누이가 건너간 강
붉은 흙탕물 일던 강으로 가고 싶어요
고무신 떠나보낸 꿈속에 흐르던
가난한 강물 곁으로 가고 싶어요

큰 느티나무가 푸른 이파리를 흔들던 나루터
멀리 두고 온 전설이 찰랑찰랑 흐르는 강으로
이제는 돌아가고 싶어요
달빛 아래 하얀 목덜미를 씻던 아이 곁으로
찔레 향이 나는 강으로
나를 데려다 줘요

청풍 생각 32
— 마지막으로 온 사람

수몰민이 떠난 흙집에는
젊은 선생이 들어와서 살았다
주인 없는 마당엔 개망초 허리 높이로 자라고
흙벽에 시를 써서 도배하던 수몰민이 떠난 집
젊은 선생은 바람을 키우는 재주가 있는지
저물 무렵 뚝방에서 단소 소리가 들렸다
도시에서 온 젊은 선생은
강가 자갈밭에서 그림을 그렸고
강물 속 어항에 시를 건져 올린다고 했다
다들 떠나는 마을에 마지막으로 온 사람
수몰한계선 위에 강 돌을 주워 집을 짓고
바람이 되고 싶었는지 선생은
모두가 떠난 수몰선 근처에 수몰민으로 살다가
바람 속으로 사라졌다
바람이 되었다고 했다

청풍 생각 33
— 양수리

급류를 타고 온 중년의 강
잡힐 듯 잡히지 않던 것들이
더 깊은 곳으로 몸을 숨기고
장마에 물이 불어난 강가에서
비늘이 찬란한 물고기 한 마리
찾고 싶었지.

두 슬픔이 시커멓게 몸을 섞는
석양 무렵의 양수리
열세 살 강가에서 지느러미 감춰 버린 물고기
만날 수 있을까
줄을 서서 순서를 기다리는 포토존 뒤로
찔레 향 나는 나의 강이 설핏 보였지

몇 번의 장마가 지나고
몇 번의 강이 얼어
어쩌다 이곳까지 흘러 왔을까
양수리에 오면 꼭 만나보고 싶었던

나의 물고기,
만나지 못했네

청풍 생각 34
— 수몰한계선

뒷산 살구나무 아래
소가 풀을 뜯는 동안 만화책을 보던 곳까지
물이 차오른다고 했다
키 큰 미루나무가 있던 신작로도
강가 느티나무도 학교 지붕도
물속에 잠긴다고 했을 때
내가 가진 모든 세상이
물에 잠기는 거 같았던
나의 강은 열세 살이었다
피라미가 튀어 오르는 노을빛 강에서
어항을 건지고 있었다
비늘이 눈부셨던 물고기 한 마리
마지막 노을 속으로 막 사라지던
열세 살 나의 강

청풍 생각 35
— 유정이

개울물 소리가 들리는 조약돌 같은 아이
웃음 속에서 여울물 하얗게 쏟아지던 아이
강의 근육으로 키워진
맑은 바람 향이 나는 아이

열세 살 강에서 잃어버린 물고기
깊은 곳으로 자맥질해도 찾지 못했던
비늘이 신비로운 물고기 한 마리 만났네
강남 한복판 아비의 나이 절반을 산 아이가
말아주는 소맥에 취하며
장마가 져 황톳물 넘치고
겨울바람 불고
물안개 피어오르는
강을 건너네

고향이 어디인지 물었을 때
교리校理에서 북진北津 넘어오는 고개에
찔레꽃 저 혼자 피고

까맣게 오디가 익고 있었네
물에서 자란 아비가 오십 넘도록 찾아 헤맨 물고기
맑은 바람 향이 나는 물고기 한 마리
또랑또랑 도시의 밤 여울을 헤엄치고 있었네

청풍 생각 36
— 수몰비

커다란 느티나무 아래 검은 수몰비 하나
물속 마을에서 쫓겨난 사람들 모여
비 맞고 있습니다
아는 이름 있을까 찬찬히 들여다보면
오랜 세월 우두커니 물에 잠긴 마을 바라보다
저문 강 건넌 이들 대부분입니다
산 중턱에 걸터앉아 줄담배 태우다 가셨는지
매큰한 연초 냄새 나는 수몰비
사립짝 돌아 저녁연기 나는 집에
돌아가지 못한 이름들
별처럼 촘촘히 박혀 있습니다
검은 대리석에 음각된 사람들
친구였고 가장이었고 농부였고
풀이었고 구름이었던 이름들
비에 젖고 있습니다

청풍 생각 37
— 마당에 신발 한 짝

마당에 신발 한 짝

열세 살 한아가 꽃나무 아래로 가다 벗어 놓은 신발인지 나물 캐러 가다가 벗어 놓은 신발인지 신발 한 짝 가뭄이 들어 집터가 드러난 마당에 혼자 고무줄놀이를 하고 있다. 사십 년 동안 물속에서 뛰어다녔을 신발 한 짝 꽃 따러 가고 물놀이 가고 먼 산으로 뛰어다녔을 신발 한 짝 폴짝폴짝 마당에 하얀 발자국을 찍고 있다. 멀리 품 팔러 간 엄마가 오지 않는 마당에 신발 한 짝 깡충깡충 푸른 쑥 냄새를 밟고 있다.

청풍 생각 38
— 풀냄새 나는 저녁

컴컴한 호수에 비 내립니다
물속에 저녁연기 오르는 마을에는
감나무 있는 집으로 가는 아이가
소를 몰고 가는 고샅길에
풀냄새 가득한 시간입니다

바다가 되어 버린 막막한 호수 위에서
집으로 가는 길을 찾다가 생은 저물었습니다
피라미 튀어 오르던 노을빛 강
아카시아 꽃잎 날리는 강둑 걸어
집으로 가고 싶습니다

풀냄새 가득 묻히고 집으로 오는 식구들
무릎을 맞대고 밥을 먹는 집
포송포송 아궁이에 감자 몇 개가 익어 가는 저녁
노을 지는 마을이 보이던 언덕
컴컴한 호수에 비 내립니다

청풍 생각 39
― 술래

강물이 지나간 언덕에 서면
바람 향기 속에 숨은 기억
꽃잎처럼 날리고 있다
밥 먹으라고 소리치는 목소리가 들리는 언덕
혼자 남겨진 술래가
물이 온다고 소리쳐도
속절없이 저물던 수몰의 날

나는 혼자 남겨진 술래
세상의 끝에서 헤엄치던 물고기
모두 떠나간 언덕

밤마다 물에 잠기는 꿈을 꾸던 마을로
나는 돌아가야 한다
아무도 대답 없는 수몰 경계선의 마을
찔레 넝쿨 뒤에 숨어 있는 아이를 불러
물이 온다고
물이 온다고

강의 끝자락에 기대어 소리치는
나는 혼자 남겨진 술래

청풍 생각 40
— 덕봉이

강가에 미루나무 한 그루
기문이 통해서 가끔 소식 들었던 덕봉이
신작로 걸어 나룻배 타고 학교 다녔던 덕봉이
한눈에 못 알아본 덕봉이
금목걸이 무게만큼 잘살고 있는 거 같은 덕봉이

강물이 지우고 간 길을 따라간 덕봉이
사공 없는 나룻배 타고 세월의 강을 저어간 사람
다시 강가에 서서 바람의 향기를 맡을 수 있을까
세상에 없는 강의 노래를 들을 수 있을까
푸른 잎을 달고 손 흔드는 사람
강물 지나간 얼룩 같은 게 보이는 사람
강가에 미루나무 한 그루

청풍 생각 41
― 돌장승 할아버지

실향의 어떤 날은
강가에 돌장승 할아버지한테 가고 싶네
큰 느티나무 아래 수백 년 세월 장수하시던 돌장승 할아버지
흐르는 강물도 나루터 오가는 행인도 수백 년 지켜보시던
홍수가 들어 물속에 잠겼다가
말쑥해서 나타나신 돌장승 할아버지
물이 온다는 소식 듣고
머리가 바닥으로 툭, 떨어져
콘크리트 깁스를 한 할아버지
기중기에 쇠밧줄로 묶여
문화재 단지 한쪽으로 유배 가신 돌장승 할아버지
담배 한 보루 막걸리 한 병 사가지고
맑은 바람이 불던 느티나무 아래
돌장승 할아버지한테 놀러 가면
실향의 날이 서러워 눈물 흘릴 거 같네
괜찮다, 괜찮다… 등 두드려 줄 거 같은 돌장승 할아버지
가만가만 마른 눈물도 닦아줄 거 같네

강가 느티나무 아래 수백 년 서 계시던
돌장승 할아버지한테 가고 싶은 날이 있네

청풍 생각 42
— 창희네 집

수몰 지구 위에 제일 높은 이층집
물속에 잠긴 마을 언덕에
무릎이 저리도록 쪼그려 앉은 집

홍시가 익어 툭툭 떨어진 빈집
녹슨 철문을 열면 겨울 햇살이
마당에서 혼자 놀고 있는 집
창희가 심어 놓은 나무도 늙어 가는 집

수몰된 언덕 위에 오래 살다가
창희네가 떠난 집
어금니 깨물어야 참을 수 있는
눈물 같은 걸 견디고 있는 집
수몰 위에 또 수몰된 창희네 빈집

청풍 생각 43
— 화가 왕철수

그이가 강변에 이젤을 세워놓고 푸른 물감을 풀면
수몰민의 봄이 점점 짙어졌다.
건너편 도화리엔 마지막 복숭아꽃이 피기 시작했고
산비탈엔 쟁기 모는 소가 마지막 봄을 갈았고
강가에 염소가 마지막 풀을 뜯고 있었다
마지막 강물이 흐르고 있었다

세상에 없을 풍경을 그리는 이
사공의 집이 보이는 그림 속에 복숭아 꽃이 핀다
눈 오는 날 꽃 피는 날
강가에 이젤을 세워놓고 수몰 풍경에 물감을 풀던 이
'사공의 집'이 보이는 나루터에서 배를 기다리는 오후
사공은 깊은 잠 드셨는지
사십 년째 기다려도 나올 생각을 않는다

청풍 생각 44
─노을

호수 위로 노을 진다 광희야
물밑엔 마을 뒷산에 노을이 지고
고샅길 돌아 나뭇짐을 지고 오는 네가 보이면
먼 산 쪽으로 가득 퍼지던 슬픔
생은 전부가 눈물이구나 광희야

산속 오솔길에 나뭇단 쟁이고 있을 열세 살 광희야
슬픔처럼 꼭꼭 동여맨 나뭇짐 지고 내려오는 산길 붉어
호수에 잠긴 마을에 저녁연기 오르겠지

산으로 가자 광희야,
볕 좋은 곳에 애기지게 벗어던지고
토끼나 쫓으면서 빈 활이나 쏘면서
노루 울음 우는 먼 데까지
슬픈 겨울을 놀자 광희야

청풍 생각 45
— 북진리

북진리北津里 226번지에 눈 내리는 날
푸른 눈길을 따라 강가에 가면
강물 위로 사라지는 눈을 오래 바라보다가
젖는 날이 많았던 열 세 살
돌탑을 쌓기도 하고
삭정이를 주워다 불을 지피면
겨울 강가에서
손 시린 소망이 무엇이었는지
그때 물어보지 못했습니다

초롱에 강물을 담아 나르고 나면
굴뚝에 저녁연기가 오르던 열세 살
쌀밥 같은 별이 뜨는 강마을
낡은 앉은뱅이책상이 있는 사랑방에서
시를 쓰는 시인이 되고 싶었던 열세 살
강가에 밤새 억새가 울고
빈 배 위에 달빛 가만가만 내리던
북진리

청풍 생각 46
―풍경

　산속에 도숙이 어머니 홍두깨로 밀가루 반죽을 밀어 송송 썬 애호박 넣고 칼국수 삶고 계시는 풍경은 수몰된 고향집 뒷마당 맨드라미 피고 앵두가 빨갛게 익던 풍경이라서 점심은 먹었지만 나도 한 그릇 달라고 곁에 자리를 꿰고 앉는다. 큰 그릇에 국수를 다 비워도 자꾸 허기가 지고 비릿한 눈물 같은 것이 목구멍에 올라온다. 가난한 오후의 서늘한 공기가 있던 뒷마당 맨드라미가 빨갛게 한 송이 피어 있던 영영 사라진 풍경 하나가 생각나서 산속에 살고 계시는 도숙이 어머니 찾아가 칼국수 한 그릇 먹고 싶다고 말하고 싶은 날이 있다. 곤로 위에 국수가 끓고 있던 가난한 뒷마당의 오후를 후루룩후루룩 서럽게 넘기고 싶은 날이 있다.

청풍 생각 47
― 광희

광희가 개울에서 물고기를 잡고
내가 미루나무 아래서 호드기를 불면
강물에 잠긴 푸른 산에 꽃이 피어나고
등에서 지느러미가 솟던 우리
흘러가는 햇살을 건져 몸에다 뿌리며
까맣게 오디처럼 여물어 가던 열세 살 우리
찔레를 배부르게 꺾어 먹고 헛배를 앓았지
새알을 주우러 산으로 가서 길을 잃었지
온 산에 하얗게 삘기 꽃 피면
허기는 점점 깊어져
마지막 버스가 떠나도 돈 벌러 간 누나가
내리지 않던 차부에
버짐처럼 일던 그리움

청풍 생각 48
― 집으로 가는 길

강가에 있는 집
덜컹이는 버스에 내려
한나절 신작로 걸어서 가면
그을음 가득한 부엌에
식은 밥 한 그릇
하얗게 웃고 있을 집

생의 정거장에서 수없이 나를 지나친 버스
탈 수 있을까
코스모스 꽃망울 터트리며
배고픈 길 걸어 집으로 갈 수 있을까
쓸쓸한 마당에 내리는 햇살을
만져 줄 수 있을까

세상에 없는
집으로 가는 길
이정표 사라진 생의 매표소에
버스가 오지 않는다

청풍 생각 49
— 사공은 오지 않는다 2

사공은 어디로 가셨나
물빛 푸르게 변한 지 오래
풀잎 아래 낮잠 드셨는지
계절 깊은데
사공 오지 않으시네

언제쯤 강을 건널 수 있나
꽃잎 날리던 빈 배 위에
흰 눈 날리는데
사공 기다리는 강가에
나 홀로 있네

청풍 생각 50
— 그리운 웃방

수수깡 엮어 만든 통발에 고구마가 가득 담겨 있던
그리운 웃방
서늘한 냄새를 베고 낮잠을 자던
그리운 웃방
문풍지 사이로 들어온 햇살 조각을 가만가만 만져 보던
그리운 웃방
아픈 할머니가 콩나물에 물을 붓던
그리운 웃방
차가운 냉수 한 그릇이 얼어 있던
그리운 웃방
서늘한 약병이 굴러다니던
그리운 웃방
윗목에 놓인 밥상 보자기 가만가만 열면
식은 밥 한 그릇 하얗게 웃고 있던
그리운 웃방

청풍 생각 51
— 슬픈 지명 하나 녹슬고 있다

이정표 하나 바람에 흔들리고 있는 산골
버스가 서지 않는다
고라니가 찾아와서 잡풀처럼 자라난 고요를 뜯고
겨울바람 빈집 처마 밑에서 문고리를 흔들고 있는
녹이 슬어 허물어져 가고 있는 이름 하나
마지막 한 조각 떨어지면 사라질 이름
바람 끝에 흔들리고 있다
사람이 사라지고 이름이 사라지면
허공을 떠돌던 푸른 바람은 기억할까?
떠날 수 없어 갈 곳이 없어
고향 언저리 맴돌다 녹슨 지명 하나
일없이 동네 한 바퀴 돌고 가는 새들이 기억할까?
허공 속에 사라진 슬픈 지명 하나

청풍 생각 52
— 수몰민 김씨

　대학가 골목 빨간 벽돌집 슈퍼마켓, 파라솔 아래 플라스틱 의자 하나 놓여 있는 여름 한낮, 수몰민 김씨 두부나 콩나물을 파는 것이 영 어색한 여름. 고향을 떠나온 지 여러 해, 도시의 변방 발이 닿지 않는 소용돌이에서 허방다리 짚는 여름이다. 세상은 수심을 알 수 없는 강, 배 건너 달라고 소리쳐도 아무도 대답 없는 도시의 강을 김씨는 건널 자신이 없다.

　강가에 살던 사람들은 스스로가 강이 된다. 얼음이 두껍게 언 강이 되기도 하고 홍수가 터진 강이 되기도 하고 피라미가 하얗게 튀어 오르는 석양 무렵의 강이 되기도 한다. 강은 핏속으로 흐르고 눈물로 흐르고 가난한 밥상 위를 흘러서 먼 곳으로 간다. 강이 사람을 기르고 사람이 강을 기른다.

　바위에 말라붙은 물고기 비늘이 석양에 반짝이고 있다. 어항을 건져서 집으로 가는 붉은 길이 흐른다. 강을 건너지 못하는 도시의 선착장에서 생을 부려야 하리라. 소리치

고 손을 흔들어도 사공이 오지 않는 수몰민 김씨의 강

청풍 생각 53
— 선희의 편지

젊은 아부지 산그림자를
지게 가득 지고 와 내려놓는 저녁
마당 가득 퍼지던 풀냄새
칡잎에 담아온 산딸기 오디
달달하고 시큼하던 저녁이 붉게 익었어요
풀냄새 많이 나는 저녁을 닮은 아부지
저승으로 풀을 베러 가신 지 오래
개복숭아 나무 아래 지게 받쳐 두고
풀피리 불면서 꽃잎 편지 쓰면서
오디 산딸기 칡잎에 담고 계실 아부지

칡잎을 조심스레 펼치던 저녁의 아부지보다
더 나이든 내가
오디도 산딸기도 붉게 익은 마을에서
풀내음 가득 담은 술 한잔 올립니다
칡 잎을 펼쳐 보면
젊은 아부지가 쓴 편지 저절로 읽히는 나이
한 사내의 풀냄새 나는 생애 꼬깃꼬깃 접어서

답장 대신 따르는 풀내음 가득한 술 한잔
봄이 깊어요, 아부지

청풍 생각 54
— 꽃밥 1

가뭄에 물이 빠진 마을에 소풍을 갑니다
40년 만에 가는 길입니다

강가에 향기로운 바람은 아직 불고 있을까
가뭄이 길을 내줘야 갈 수 있는
무너진 돌담 울타리만 남은 마을
물속에 잠겨 있던 마당에
잘린 대추나무 발갛게 익은 기억을
후두둑후두둑 떨구고 있습니다

부엌이 있었던 자리였는지
흙 속에 박힌 사금파리 조각
뜨듯한 밥 냄새가 울컥울컥 올라옵니다
아랫목 이불 속에서 아버지 기다리던 밥그릇
부뚜막에서 하얗게 웃고 있던 배고픈 그릇
시커멓게 그을린 부엌 터
밥그릇을 흙 속에 묻고 떠난 사람은
어디에서 따순 밥 짓고 있을까

깨진 밥그릇 조각 옆에는 망초꽃이
계란후라이처럼 피었습니다

청풍 생각 55
― 꽃밥 2

가뭄 끝에 호수도 바닥을 드러내면
땅속 깊이 몸을 숨긴 물고기 찾으러
산짐승 다녀간 마을
친구가 벗어 놓고 간 신발 한 짝이
흙 속에 드러난 마을
바람이 문고리 흔들어도 아무도 나오지 않는
알을 낳은 재두루미만 산통으로 울음 우는
뒷마당에 모란이 피지 않는 마을에

뜨듯한 밥 기운 올라오는 사금파리 조각 주워
감자 서너 알이 담긴 밥 냄새 맡아 보면
눈물 떨어지는 곳에 핀 계란후라이꽃
고봉으로 먹어도 배고픈 꽃이 피던 마을
가난한 영혼 같은 풀꽃 뜯어 깨진 그릇에 담으면
툇마루에 둘러앉은 식구
마늘밭에 잠드신 아버지
물속에 잠긴 사람들 밥상에
피어나는 배고픈 꽃밥

청풍 생각 56
― 기차는 여덟 시에 떠나네*

사십 년 물속에 잠겨 있던 마을 길 걸어
학교 안 가고 도시락 까먹던 보리밭 언덕에 올라 보면
마지막으로 마을을 떠나던 날이
신작로에 흙먼지를 일으키며 멀어집니다
― 기차는 멀리 떠나고
― 이제는 해가 져도 당신은 오지 못하리
젊은 아버지 지게 받쳐 놓고 하모니카 불던 언덕
― 가슴 속에 이 아픔을 남긴 채 앉아만 있네
떠나간 사람은 아무도 다시 올 수 없는 언덕
젊은 아버지 매큰한 연초 냄새 퍼지던 언덕
아버지도 없고 마을도 사라진 언덕에서
다시 듣는 노래
어디서 꽃향기가 나는데
아버지, 보이지 않습니다

* 그리스 노래. 미키스 테오도라키스 작사·작곡. 성악가 아그네스 발차가 불러서 유명해짐.

청풍 생각 57
—성돈이

무암사 소풍 가는 길가에
솔방울처럼 떨어진 집 한 채
산으로 뛰어다니던 작은 염소 한 마리
산속 목장에서 태어나
한 번도 산속을 벗어난 적 없는
작고 까만 염소가
가을이 깊어가는 산속에서 길을 잃었다
가시덤불에 갇혀 오도 가도 못 하는 염소가 운다
끊임없이 말을 걸었으나 손잡아 주는 이 없던 세상
동그란 검은 눈이 반짝이던 산속에도 길은 없었지
무암사 풍경 소리 울려 퍼지는 산속에서
세상으로 내려오지 못하고
덤불 속 헤매는 염소 한 마리
가시덤불에 긁힌 울음 끝에 걸린
노을이 붉다

청풍 생각 58
— 돌멩이 하나

가뭄에 초등학교 느티나무 숲이 나왔다는
기문이 소식 듣고 안암숲*에 갑니다
물 빠진 마을을 걸어서
오래전 불어오던
가난한 바람 냄새 맡으러 갑니다

사막으로 변해버린 마을을
발이 아프도록 걷다가
기문이가 주워 준 돌멩이 하나
오래 들여다보면
앵두나무 밑에 가난한 내가 보이고
먼저 간 사람 슬픈 웃음이 보이고
늙어가는 기문이가 보이고
비릿한 눈물 냄새가 납니다

배고픈 이야기가 졸졸 흐르는
돌멩이 하나 오래 들여다보다가
수백 년 된 고목이 사라진 숲

비 내리는 강을 건너는

사내를 보고 말았습니다

* 안암숲 : 충북 제천시 금성면 성내리 안암국민학교에 있던 수
  백 년 된 느티나무 숲.

청풍 생각 59
―산수유 마을

흩어져 살던 실향민들 한자리에 모이는 날
벌거벗고 냇가에서 물놀이 하던 사진 속 아이
백발이 성성하다
― 저기 돌담이 많은 집이 우리 집이었어
― 맨드라미꽃이 많이 피던 앞집은 연옥이네 집
― 개울물 흐르는 소리가 아직도 들려
물속에 잠긴 기억을 불러 내며
파르르 떨리는 목소리가 꽃으로 피는 시간
지방 방송국 TV에는 경순이 승철이가
물 빠진 집터에서 브이를 그리고 있다
동네 우물터에 다시 온 코흘리개가
흰머리를 뒤집어 쓰고
TV 속에서 우는 듯 웃고 있다
무너진 집터에서 브이를 그리고 있는
오십 넘은 경순이 승철이 어깨 뒤
산수유 마을에 물이 차오르고 있다

청풍 생각 60
— 헛간

흙벽에 농기구가 걸려 있고 마른 가마니 냄새가 나던
갈라진 벽틈에서 가느다란 햇빛이 스며들던 헛간
비 오는 날 헛간에서
낡은 농기구에게 말을 걸면
닳은 호미 끝이나 이빨이 빠진 낫 같은 것을 만져보면
손끝에 묻어나는 쇠락해 가는 것의 따스함
노란 햇살 영사기처럼 비추면 희미하게 일어나던 먼지
추운 겨울
하룻밤 묵어간 걸인이 두고 간 건
잃어버린 길 헛것의 냄새
먼지가 비추는 고요와 볏짚 썩는 냄새와
녹스는 시간 속에 갇혀서 잠이 들면
헛것은 고마운 존재
아무도 밟지 않은 눈 위에 발자국을 찍고
헛간의 문을 열면 거기,
사르르사르르 깨어나는 먼지의 잠

청풍 생각

2023년 10월 10일 초판 1쇄 발행

지은이   김종우
펴낸이   유정환
펴낸곳   도서출판 고두미
         등록 2001년 5월 22일(제2001-000011호)
         충북 청주시 상당구 꽃산서로8번길 90
         Tel. 043-257-2224 / Fax. 070-7016-0823
         E-mail. godumi@naver.com

ⓒ김종우, 2023
ISBN 979-11-91306-50-7   03810

※ 책값은 뒤표지에 표시하였습니다.
※ 잘못 된 책은 구입한 곳에서 바꾸어 드립니다.